DESCRIPTION
DE L'ARC
DE
LA PLACE DAVPHINE.

PRESENTE'E
A SON EMINENCE.

A PARIS,

Chez PIERRE LE PETIT, Imprimeur & Libraire ordinaire
du Roy, ruë Saint Iacques, à la Croix d'Or.

M. DC. LX.

AVEC PERMISSION.

Echelle de douze pieds.
C. le Brun in.
P. Chauveau fe. cum privil. Regis.

DESCRIPTION
DE L'ARC
DE LA PLACE DAVPHINE.

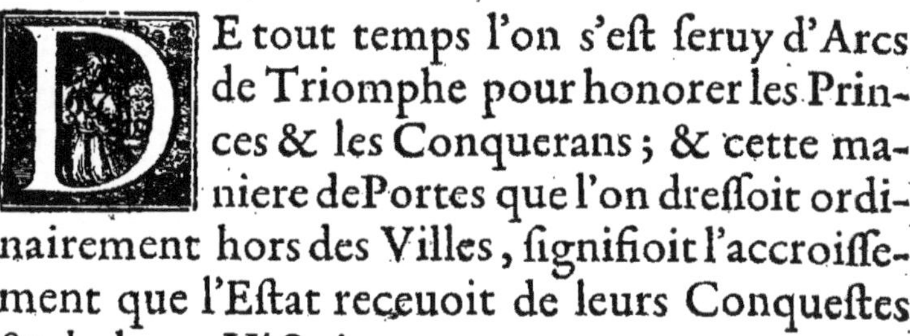

E tout temps l'on s'eſt ſeruy d'Arcs de Triomphe pour honorer les Prin-ces & les Conquerans ; & cette ma-niere de Portes que l'on dreſſoit ordi-nairement hors des Villes, ſignifioit l'accroiſſe-ment que l'Eſtat receuoit de leurs Conqueſtes & de leurs Victoires.

Les Grecs & les Romains, qui ne croyoient pas qu'on pût laiſſer à la Poſterité trop de témoi-gnages de l'honneur qu'on rend à la Vertu, éleuoient encore de riches Colonnes pour éter-niſer la gloire de leurs Heros. Et les Egyptiens, qui de tous les Peuples ont eſté ceux qui ont le plus tâché de marquer la grandeur des Actions, par des Ouurages ſolides & des Caracteres im-

A

mortels, dreſſoient des Obeliſques grauez de diuers Hieroglifiques, pour ſignifier par cette figure Pyramidale vne Ame toute diuine, & vn Homme qui s'éleue au Ciel par ſes hautes Vertus.

C'eſt ſur l'exemple de ces anciens Peuples, que celuy de Paris voulant donner au Roy & à la Reyne des témoignages de ſon reſpeĉt, & de ſa joye en l'entrée ſolemnelle qu'il leur prepare, a éleué dans la Place Dauphine vn Arc & vn Obeliſque, où le Peintre par la force de ſon imagination & par l'excellence de ſon art, fait voir ſous des Peintures myſterieuſes la Reünion des contraires, & les antipathies miſes d'accord, pour montrer que ce grand Ouurage de la Paix & cet auguſte Mariage ſont admirables, par la reünion qui ſe fait de deux Royaumes, entre leſquels il y a eu ſi long-temps vne antipathie, & vne deſ-vnion ſi grande.

Quoy que toute la ſtruĉture de cet Arc ne faſſe qu'vn meſme corps; neanmoins elle peut eſtre conſiderée comme deux Parties jointes enſemble; ſçavoir, le corps qui compoſe l'Arc, & l'Obeliſque qui eſt poſé ſur cet Arc. La premiere Partie, repreſente le Peuple, & la ſeconde repreſente le Roy. Cette premiere Partie eſt comme la baſe de l'Obeliſque, de meſme que le

Peuple eſt comme la baſe & le fondement ſur
lequel le Roy eſt éleué.

L'Arc eſt feint de marbre blanc, dont les
moulures & les ornemens ſont enrichis d'or.
L'ordre eſt compoſé d'Ionique; & à chaque côté
de l'Arc il y a deux Termes qui ſont feints de
bronze, parce qu'ayant à porter le fais du baſti-
ment, ils doiuent paroiſtre d'vne matiere ſolide.

Ces quatre Termes repreſentent les quatre
Elemens, qui ont auſſi vn rapport naturel aux
quatre Humeurs dont les hommes ſont compoſez.

Que ſi au lieu de Colonnes les Grecs repre-
ſenterent autrefois dans leurs Arcs & dans leurs
Portiques des Perſes & des Caryatides, pour
marquer la Victoire qu'ils auoient obtenüe
ſur eux; l'on a bien pû repreſenter dans cet Arc
de Triomphe, les quatre Elemens ou les quatre
Humeurs, puis qu'en effet ils ſervent de ſujet à la
Paix, qui ne triomphe que par la Victoire qu'elle
a obtenüe ſur les humeurs differentes de differens Peuples.

Auſſi a-t'on diſpoſé ces Termes en telle ſorte,
que les contraires ſe trouuent joints enſemble,
& s'embraſſent mutuellement, afin de ſoûtenir d'vn commun accord l'Arc de Triomphe

A ij

& l'Aiguille qui eſt au deſſus.

Les deux Figures qui ſont du coſté droit, repreſentent le Feu & l'Eau; Et les deux autres qui ſont du coſté gauche, repreſentent l'Air & la Terre.

Elles ſont peintes comme de jeunes Filles, & ont chacune leurs expreſſions particulieres, & propres à ce qu'elles ſignifient.

Celle qui repreſente le Feu, a le front ceint d'vn bandeau, & eſt habillée comme les Veſtales, qui gardoient le Feu ſacré chez les anciens Romains. L'air de ſon viſage eſt vif, ſes yeux ſont eſtincelans; & ſes cheueux creſpus & annelez, ſemblent imiter le mouuement de la flâme.

La partie inferieure du Terme, qu'on appelle communément Gaine parmy les Artiſtes, à cauſe qu'elle repreſente vne eſpece de Fourreau, où les cuiſſes & les jambes de la Figure ſont enfermées; cette partie, diſ-je, du Terme, a la forme d'vn trepied antique, dans lequel il y a du feu allumé, & d'où pend vn Feſton fait de toutes ſortes d'outils qui ſeruent au feu.

L'autre Figure repreſente l'Eau; & à l'air de ſon viſage elle paroiſt auoir moins de force & de vigueur; ſes cheueux ſont abbatus & comme moüillez; ſa teſte eſt couronnée de roſeaux, &

son vétement reſſemble à ceux dont on habille
d'ordinaire les Diuinitez des eaux ; La Gaine
eſt faite d'vn filet plein de différens poiſſons ,
ſur laquelle pend auſſi vn Feſton compoſé de
proües, d'auirons, & d'autres choſes qui ſeruent
à la Nauigation.

Quant à la Figure qui repreſente l'Air, elle
a le viſage gay & riant; ſes cheueux ſont friſez
& annelez , ſur leſquels on void tomber pluſieurs plumes qui cachent le haut de ſa coif-
fure. Pour ſon vétement il paroiſt d'vne étof-
fe fort legere. La Gaine repreſente vne cage
pleine d'oiſeaux, & le Feſton dont elle eſt ornée , eſt fait de pluſieurs ſortes d'inſtrumens
à vents, comme flageolets, flutes, & autres.

La quatrieſme Figure , qui ſignifie la Terre,
eſt repreſentée comme l'on repreſente la Deeſſe
Cybele; elle a dans ſon viſage quelque choſe
de maſle & de ſerieux ; & ſes cheueux negli-
gemment ajuſtez autour de ſa teſte , ſont cou-
ronnez d'vne guirlande de fleurs. La Gaine
eſt vn panier remply de fruits ; & le Feſton
qui en ſort eſt fait d'inſtrumens propres à l'A-
griculture.

Les deux Figures qui repreſentent le Feu &
l'Eau , ſoûtiennent vne Table, où il y a pour deuiſe deux Canons , dont l'vn eſt couuert de

Fleurs de Lis, & l'autre eſt orné des Armes d'Eſpagne. L'Ame de cette deuiſe, ſont ces paroles: *Communia fata duorum.*

L'Air & la Terre qui ſont de l'autre coſté, ont auſſi vne Table, dans laquelle il y a deux Cœurs enlacez d'vn filet, auec vne Couronne au deſſus, & ces paroles : *Non vſquam junxit nobiliora fides.*

Dans les Piedeſtaux qui ſont aux deux côtez de l'Arc, & qui ſoûtiennent les Termes, on a feint deux Bas-reliefs releuez d'or, où il y a vn Amour repreſenté en deux manieres differentes. Dans l'vn ce Dieu tient vn filet ſur vn labyrinthe, au deſſus duquel eſt écrit : *Solus inuenit viam,* pour ſignifier que luy ſeul pouuoit trouuer le moyen d'accorder par la Paix & par le Mariage, tant de choſes contraires, & tirer les Peuples de ce faſcheux labyrinthe de diuiſions & de deſordres, où ils eſtoient embaraſſez depuis ſi long-temps. Et dans l'autre Bas-relief avec vn meſme ſens, on a auſſi repreſenté l'Amour débroüillant le Cahos, & rangeant chaque choſe en ſa place, comme les Philoſophes anciens diſent qu'il le fit à la naiſſance du monde ; & ces paroles ſont écrites au deſſus, *Diſſociata locis concordi pace ligauit.*

7

Au deſſus de l'Arc eſt vn Attique couronné
de deux Frontons , aux deux coſtez deſquels
ſont deux Figures peintes au naturel. Celle
qui eſt au coſté droit , eſt vétüe d'vn grand
Manteau de pourpre releué d'or. D'vne main
elle tient vn Cœur enflamé , & de l'autre elle
embraſſe vn Pelican , qui s'ouure l'eſtomach
pour nourrir ſes Petits , qui ſont poſez ſur vn
Autel à l'antique , & ſous ſes pieds paroiſt vn
Loup renuerſé.

Toutes ces marques font aſſez connoiſtre
que cette Figure eſt la Pieté, qui renuerſe l'Impieté repreſentée d'ordinaire par vn Loup à
cauſe de la Fable de Lycaon : Mais il faut aller
encore plus loin , pour entendre tout le deſſein
du Peintre , & s'imaginer que par la Pieté il a
voulu figurer auſſi la Reyne Mere , parce que la
Pieté eſt vne des plus hautes vertus de cette
grande Princeſſe ; Et il a adjoûté en particulier
le Pelican , qui eſt ſa Deuiſe , & qui marque ſi
bien la tendreſſe qu'elle a toûjours eüe pour les
Enfans que le Ciel luy a donnez.

Quant à la Figure qui eſt de l'autre coſté , &
qui tient vne branche d'Oliue à la main, on juge
aiſément que c'eſt la Douceur qui terraſſe la
Cruauté : car elle a entre ſes bras vn Agneau, &
à ſes pieds vn Tigre abatu qui ouure ſa gueule,

d'où fort vn effain de Moufches à miel.

Cette Figure eft faite pour reprefenter la Reyne, la Douceur eftant vne des vertus qui éclatent dauantage en fon augufte Perfonne. Le Rameau d'Oliue qu'elle tient à la main, eft le fymbole de la Paix qu'elle nous apporte. Les Abeilles qui fortent de la gueule de ce Tigre abatu, font allufion à celles qui fortirent du Lion de Samfon, & qui luy firent dire que, *du fort eftoit fortie la douceur*; & montrent que par cette Paix & par ce Mariage, toute la fureur & toutes les cruautez de la Guerre font maintenant changées en douceur. Et de vray, on ne pouuoit pas mieux figurer le repos & la profperité que la Paix & le Mariage nous font efperer, que par les Abeilles, qui font le fymbole de la douceur, de la concorde, & de l'vnion d'vn Eftat.

Cependant fi ces deux Figures font voir les vertus de nos auguftes Reynes, elles conuiennent auffi parfaitement bien au fujet que le Peintre s'eft propofé de reprefenter dans cet Arc, qui eft l'vnion des deux Royaumes, auparauant fi def-vnis. Car encore que le Pelican femble commettre vne impieté en s'ouurant le fein, il fait neanmoins vn acte de pieté enuers fes Petits, qu'il nourrit de fon propre fang.

Et le

Et le Tigre, le plus cruel de tous les animaux, produit la douceur du miel par les Abeilles qui sortent de sa gueule.

Ces deux Figures sont enuironnées de petits Amours, qui attachent des Festons de fleurs aux rouleaux qui naissent des deux Frontons de l'Attique ; & ces Amours sont ceux qui ont trauaillé à renuerser l'Impieté, & à faire naistre de la Cruauté, la Douceur, de quoy ils semblent triompher & se réjoüir.

Au dessous des Frontons & contre l'Attique, on a feint comme vne Tapisserie, dont la doublure est semée de Fleurs de Lis d'or. La bordure du haut est composée de l'Ordre du S. Esprit, & celle d'embas de l'Ordre de S. Michel.

Dans cette Tapisserie feinte, sont representez le Roy & la Reyne assis dans vn Char, qui est conduit par le Dieu Hymen, & tiré par vn Coq & vn Lion.

A l'vn des costez de ce Char est la Concorde, qui tient vn faisseau d'Armes, dont elle renuerse la Discorde & la Guerre. De l'autre costé est la Paix couronnée d'Oliue ; D'vne main elle tient vne Corne d'abondance, & de l'autre elle rappelle les Arts & les Sciences qui auoient esté bannis pendant la guerre.

Par ces deux Figures de la Concorde & de la

Paix, on veut repreſenter comme les Conſeils
du Roy ont porté ce grand Monarque à donner
la Paix à ſon Royaume, & à remettre ſes Peuples
dans le calme & dans le repos. Leurs Majeſtez
ont la main ſur vn Globe qu'elles tiennent, pour
ſignifier que par cette Alliance, elles donnent
la Paix à tout le Monde. L'Hymen qui conduit
le Coq & le Lion, repreſente comme ce Mariage a reüny la France & l'Eſpagne, ſignifiées par le
Coq & par le Lion, qui ſont deux animaux extré-
mement courageux. Quelques-vns ont dit, que
l'antipathie & l'emulation qui ſe trouue entre
eux, viennent de ce qu'ils ſont également do-
minez par le Soleil; Et que l'influence de cet
Aſtre eſt encore plus forte dans le Coq que dans
le Lion, ce qui fait naiſtre au Lion l'auerſion
naturelle & la crainte extréme qu'il a pour le
Coq. Et en effet, ſi le Lion a toûjours eſté le
ſymbole de la force & de la fierté; le Coq a eſté
le ſymbole de l'ardeur & de la hardieſſe au com-
bat. C'eſt pourquoy Phidias ayant fait autrefois vne image de Pallas pour les Eléens, il repre-
ſenta ſur le bouclier de cette Deeſſe vn Coq qui
s'éleuoit ſur ſes pieds, comme s'il euſt voulu
combattre.

Au deſſus de l'Attique & entre les deux Frontons, il y a vn Atlas qui a ſous ſes pieds quantité

d'Armes renuerſées, & qui porte ſur ſes épaules vn Globe d'azur où ſont trois Fleurs de Lis
d'or ; Il ſemble à voir ſon action qu'il veüille
mettre ce Globe entre les mains de deux Figures qui ſont poſées ſur les Frontons, ou du
moins qu'il s'attend qu'elles luy aident à ſouſte-
nir vn ſi peſant fardeau. Ces deux Figures ſont
les Génies de la France & de l'Eſpagne, qui ſe
font aſſez connoiſtre par les differentes couleurs
de leurs veſtemens. Car le Génie de la France
eſt veſtu de blanc & de bleu ; & celuy de l'Eſpagne eſt veſtu de jaune & de rouge.

Cet Atlas a le front ceint d'vn Bandeau
royal ; il eſt couuert d'vn grand Manteau
rouge ; il a vne Eſcharpe de meſme couleur
ornée de trois Eſtoiles d'or & auprés de luy vn
Faiſſeau d'armes auec la Hache. Ce Manteau,
cette Eſcharpe, & ce Faiſſeau, repreſentent le
veſtement & les Armes du premier Miniſtre,
dont les ſoins ont eſté ſi vtiles & ſi glorieux à la
France. Ces Armes ſont des Armes pleines de
myſteres, & où le Ciel ſemble auoir marqué,
comme dans l'Eſcu que Vénus fiſt voir autrefois
à Enée, les grandes choſes que cet incomparable
Miniſtre deuoit vn jour accomplir. Car le
Faiſſeau qui eſt le ſymbole de l'vnion & de la
concorde, repreſente ce grand Cardinal eſta-

bliſſant la concorde & la paix entre la France
& l'Eſpagne, ſignifiées par les deux differentes
couleurs dont le champ & la ~~bande~~ de l'Eſcu
ſont compoſez. La Hache qui eſt au milieu du
Faiſſeau, & qui ſignifie la Iuſtice & la Puiſſance,
repreſente la force de ſon Eſprit & la juſtice de
ſes Actions, par leſquelles il s'eſt rendu ſi conſi-
derable qu'il eſt deuenu l'Arbitre d'vne Paix
dont toute l'Europe reſſent aujourd'huy les
auantages. Les trois Eſtoiles d'or qui dominent
ſur tout l'Eſcu, ſont comme trois Aſtres qui for-
ment vne conſtellation fauorable à la France & à
l'Eſpagne, & dont les douces influences doiuent
rendre ces deux Royaumes heureux & puiſſans
par les trois ſortes de biens qu'elle a desja répan-
dus ſur eux; ſçauoir par la concorde & la paix
qu'elle a rétablies entre deux ſi grands Monar-
ques; par l'amitié & la bonne intelligence
qu'elle met parmi les Peuples; & enfin par le
Mariage du Roy & de la Reine, qui eſt le lien in-
diſſoluble dont la Paix & la bonne intelligence
des Roys & des Peuples ſeront à jamais vnies.

Quant au Manteau dont cet Atlas eſt couvert,
il ſignifie par ſa pourpre le rang illuſtre que Son
Eminence tient dans l'Egliſe. Et ſi le Bandeau
dont le front de cette Figure eſt ceint, marque
l'autorité Royale, il marque auſſi le ſouuerain

Sacerdoce , puis qu'anciennement les fou-
uerains Pontifes auoient le front ceint d'vn
ruban. C'eſt pourquoy le Peintre a voulu repreſenter par cet ornement , non ſeulement
l'honneur & la gloire dont la teſte de cet Homme Illuſtre ſera à jamais couronnée, mais encore
le ſouuerain Sacerdoce dont il merite d'eſtre vn
jour honoré.

Il a peint ce grand Perſonnage ſous la figure
d'Atlas portant vn Globe ſur ſes épaules ,
pour faire entendre , que comme Atlas a eſté
recommandable parmi les Anciens , pour auoir
parfaitement connu le cours des Aſtres , & le
mouuement des Cieux : De meſme ce grand
Perſonnage eſt recommandable par la parfaite
connoiſſance qu'il a de tous les Eſtats du Monde,
& de tous les intereſts des Princes , eſtant depuis ſi long-temps chargé des affaires les plus
importantes de l'Europe, & les ayant maniées
& ſouſtenües auec vne conduite & vne force
admirable.

On a ainſi placé cette Figure au deſſus
de l'Attique , entre l'Obeliſque & l'Arc,
parce que le premier Miniſtre eſt comme le
Mediateur entre le Roy & le Peuple , & que
c'eſt par ſon organe que le Roy fait entendre
ſes volontez.

Et comme le Ciel a deſtiné cet excellent Miniſtre pour eſtre le Pacificateur des differens, non ſeulement de la France & de l'Eſpagne, mais de tous les Peuples Chreſtiens, on l'a repreſenté mettant vn Globe entre les mains des Génies de la France & de l'Eſpagne, pour faire voir que par cette Paix ſi celebre & ce Mariage ſi ſolemnel, il rend ces deux Royaumes maiſtres de tout le Monde. Car ce Globe repreſente le Monde entier, & les Fleurs de Lis d'or y ſont miſes ſeulement pour marquer l'auantage de la France par deſſus toutes les autres Nations, n'y en ayant point qui ſoit aujourd'huy ſi illuſtre ny ſi glorieuſe. Ces deux Génies ſoûtiennent ce Globe chacun auec vne main, & de leurs autres mains ils tiennent la Couronne de France qui eſt au deſſus, pour montrer que l'Eſpagne meſme contribüera deformais par ce grand Mariage, à la ſoûtenir & à la faire regner ſur tout le Monde.

Derriere ces deux Génies & ſur les Frontons, il y a en forme de Trophées des Guidons, où ſont repreſentez les Armes des Villes conquiſes ſur l'Eſpagne, & laiſſées à la France en faueur de la Paix & du Mariage. Celles des Villes conquiſes ſont auprés du Génie de la France, & celles des Villes laiſſées par

l'Eſpagne,

l'Espagne, du costé du Génie de l'Espagne.

Au dessus de la Couronne que supportent les deux Genies, paroist vne Femme qui tient dans ses mains deux Trompettes, dont les banderolles sont enrichies des Chiffres du Roy & de la Reyne. C'est la Renommée qui publie par toute la Terre l'Alliance des deux plus augustes Nations du Monde, & qui fait retentir de toutes parts les Noms de leurs Majestez.

Quant à l'Obelisque qui represente l'Autorité Royale, elle est enrichie de deux Bas-reliefs releuez d'or. Dans l'vn on void la France à genoux en estat de suppliante, qui reçoit auec vne joye extréme des mains de la Reyne Mere vn jeune Enfant, que la Prouidence diuine, figurée vn peu plus haut, vient de luy apporter. On a voulu marquer sur cet Obelisque, la naissance comme miraculeuse de nostre grand Roy, que Dieu donna à la France, aprés vingt années de vœux & de prieres.

Dans l'autre Bas-relief est peint le Génie de la France, qui apporte sur son bouclier le Portrait de la Reyne, comme vn nouueau Palladium. L'on void qu'à son aspect Bellone qui est la Deesse de la Guerre s'enfuit toute épouuantée, parce qu'en effet, ç'a esté par le Mariage que la Paix a esté entierement affermie.

B iij

On auroit encore pû reprefenter fur cet Obelifque, les belles actions que noftre grand Monarque a faites depuis qu'il eft monté fur le Thrône de cette Monarchie. Mais combien eût-il fallu peindre de Combats donnez, de Villes gagnées, & de Victoires remportées par mer & par terre? Et il femble que ce nom de Paix doiue effacer toutes ces Images glorieufes, mais funeftes. L'on a donc obmis toutes ces grandes chofes, pour s'arrefter feulement à celle qui eft la plus illuftre, qui fert aujourd'huy de recompenfe à tant de trauaux paffez, & qui en rendant celébre le nom de noftre augufte Monarque, doit rendre à jamais fes Peuples bien heureux.

Auffi l'on a mis à la pointe de l'Obelifque vne belle Femme affife fur vn Globe celefte. Elle a des aifles au dos, vne Couronne d'or fur la tefte, & la gorge découuerte. D'vne main elle tient vn Cercle d'azur femé d'eftoilles d'or, qui enferme les Chiffres du Roy & de la Reyne; & de l'autre elle tient vne Corne d'abondance & vne Trompette, dont la banderolle eft d'vn bleu celefte, & où l'on void écrit en lettres d'or, *Æternitas.*

Cette Figure reprefente la Gloire immortelle, qui a mis en dépoft les Noms de leurs

Majeſtez dans ce Cercle d'azur, qui eſt la figure
de l'Eternité. Elle eſt aſſiſe ſur vn Globe celeſte,
pour montrer qu'elle eſt éleuée au deſſus de
toutes choſes , & qu'elle dure eternellement.
Sa gorge découuerte, ſignifie que la veritable
Gloire eſt connuë de tout le monde. Sa Couronne d'or , fait voir que le prix de la Gloire
eſt toûjours ſolide , & illuſtre ; & qu'eſtant
fondée ſur la Vertu , elle ne manque jamais
des biens veritables & permanens , qui ſont
auſſi repreſentez par la Corne d'abondance
qu'elle tient à la main. Quant à ſa Trompette
elle montre aſſez comme la Gloire ne manque
jamais de ſe répandre par tout le Monde , &
que celle de leurs Majeſtez ne ſe fera pas ſeulement connoiſtre par toute la Terre , mais
qu'elle y demeurera à jamais triomphante &
reuerée de tous les Peuples.

Or l'on void bien que toutes ces Figures qui
ſont peintes au deſſus de l'Arc, ne ſont point des
Figures qui chargent l'Edifice, parce que ce ne
ſont point des Statuës de bronze ny de marbre,
mais des Diuinitez que le Peintre a judicieuſe-
ment repreſentées au naturel. Elles paroiſſent à
l'entour de cet Obeliſque , comme ſi elles s'y
eſtoient aſſemblées pour aſſiſter à cette grande
Ceremonie, pendant que toute la France adreſſe

au Ciel ſes vœux & ſes prieres, afin qu'il luy
plaiſe de combler de mille benedictions vn Mariage ſi deſiré. Et que la joye qui accompagne
cette grande Solemnité, n'eſtant jamais inter-
rompüe, on la voye toûjours ſi bien affermie,
que non ſeulement elle couronne de Gloire la
Teſte Sacrée de leurs Majeſtez ; mais que ce
ſoit le ſolide Fondement du Repos & de la
Felicité des Peuples.

FIN.